Dos Céus para Você
Pensamentos e Reflexões

Editora Appris Ltda.
1.ª Edição - Copyright© 2024 do autor
Direitos de Edição Reservados à Editora Appris Ltda.

Nenhuma parte desta obra poderá ser utilizada indevidamente, sem estar de acordo com a Lei nº 9.610/98. Se incorreções forem encontradas, serão de exclusiva responsabilidade de seus organizadores. Foi realizado o Depósito Legal na Fundação Biblioteca Nacional, de acordo com as Leis nos 10.994, de 14/12/2004, e 12.192, de 14/01/2010.

Catalogação na Fonte
Elaborado por: Dayanne Leal Souza
Bibliotecária CRB 9/2162

T768c 2024	Trajano, Misach Raimun Dos céus para você: pensamentos e reflexões / Misach Raimun Trajano. – 1. ed. – Curitiba: Appris, 2024. 51 p. ; 21 cm. ISBN 978-65-250-6361-4 1. Deus. 2. Salvação (Teologia) - Cristianismo. 3. Jerusalém. I. Trajano, Misach Raimun. II. Título. CDD – 220

Appris
editora

Editora e Livraria Appris Ltda.
Av. Manoel Ribas, 2265 – Mercês
Curitiba/PR – CEP: 80810-002
Tel. (41) 3156 - 4731
www.editoraappris.com.br

Printed in Brazil
Impresso no Brasil

Misach Raimundo Trajano

Dos Céus para Você

Pensamentos e Reflexões

Curitiba, PR
2024

FICHA TÉCNICA

EDITORIAL	Augusto Coelho
	Sara C. de Andrade Coelho
COMITÊ EDITORIAL	Ana El Achkar (Universo/RJ)
	Andréa Barbosa Gouveia (UFPR)
	Antonio Evangelista de Souza Netto (PUC-SP)
	Belinda Cunha (UFPB)
	Délton Winter de Carvalho (FMP)
	Edson da Silva (UFVJM)
	Eliete Correia dos Santos (UEPB)
	Erineu Foerste (UFES)
	Erineu Foerste (Ufes)
	Fabiano Santos (UERJ-IESP)
	Francinete Fernandes de Sousa (UEPB)
	Francisco Carlos Duarte (PUCPR)
	Francisco de Assis (Fiam-Faam-SP-Brasil)
	Gláucia Figueiredo (UNIPAMPA/ UDELAR)
	Jacques de Lima Ferreira (UNOESC)
	Jean Carlos Gonçalves (UFPR)
	José Wálter Nunes (UnB)
	Junia de Vilhena (PUC-RIO)
	Lucas Mesquita (UNILA)
	Márcia Gonçalves (Unitau)
	Maria Aparecida Barbosa (USP)
	Maria Margarida de Andrade (Umack)
	Marilda A. Behrens (PUCPR)
	Marília Andrade Torales Campos (UFPR)
	Marli Caetano
	Patrícia L. Torres (PUCPR)
	Paula Costa Mosca Macedo (UNIFESP)
	Ramon Blanco (UNILA)
	Roberta Ecleide Kelly (NEPE)
	Roque Ismael da Costa Güllich (UFFS)
	Sergio Gomes (UFRJ)
	Tiago Gagliano Pinto Alberto (PUCPR)
	Toni Reis (UP)
	Valdomiro de Oliveira (UFPR)
SUPERVISOR DA PRODUÇÃO	Renata Cristina Lopes Miccelli
PRODUÇÃO EDITORIAL	Daniela Nazario
REVISÃO	Marcela Vidal Machado
	Domenica Gonçalves Trajano
DIAGRAMAÇÃO	Ana Beatriz Fonseca
CAPA	Eneo Lage
REVISÃO DE PROVA	Alice Ramos

Dedico este momento da minha vida aos meus Filhos;
Domenica e Domitila Gonçalves Trajano e Misach Antunes Trajano.
E também aos amigos que me inspiraram para escrever.

Agradeço a Deus a oportunidade que a mim
é dada para levar esta mensagem com Amor.

Obrigado também à Editora Appris e aos seus produtores.

SUMÁRIO

O ÚNICO LIVRO 9

A BÍBLIA, UM MANUAL DE REGRAS PARA A VIDA! 11
   A essência que é o próprio Deus 21
   Os mistérios de Deus 22
   O resete 22

INÍCIO DE TUDO 39
   Visão 40
   A destruição do mundo 41

A CRIAÇÃO 43

A MULHER 45

O FILHO DO PECADO 47

O FIM DE TUDO 49

PROFECIA 51

O único Livro

O único Livro que foi escrito há quase dois mil anos vem com todos os esclarecimentos que nós precisamos para aprender tudo sobre a Terra e os céus, do qual nos leva a conhecer a sabedoria de Deus, contudo, outros livros são apenas complementos para facilitar o entendimento, e para isto seria necessário a interpretação.

O Sistema geopolítico foi criado para organizar, mas, no entanto, tem a prioridade de esconder e resetar a verdadeira história da humanidade. Surge com o único propósito de mentir, ou seja, de enganar a humanidade, e não permitir que os humanos se desenvolvam como deveriam. Havendo a possibilidade de omissão. Os homens mais inteligentes foram os antigos. Houve uma deterioração nos alimentos e até na água que diminuiu o desenvolvimento cerebral de todos os homens. Observando a natureza se percebe que os Animais são extremamente inteligentes e agem de forma adversa aos homens. Mesmo sendo intuitivo, agem como se fossem racionais.

A ciência surgiu das páginas Bíblicas, toda a história foi por meio da interpretação dela, exceto as histórias comuns aos homens. Muitos buscam confirmação de sua existência em livros de autoajuda ou em outras histórias similares, pois a Bíblia revela de modo sútil toda a história da existência da humanidade. E tudo referente à humanidade diz respeito a você, a mim etc.

Um Livro que por sua idade já não seria mais necessário a ninguém, mas contrariando esse princípio, incomoda a muitos por suas regras ditadas. E por ficarem incomodados, criam pretextos para reescrevê-lo. A Bíblia fez muitos sábios e há alguns até para contrariá-la, por exemplo: o mundo foi extinto no dilúvio, se a terra fosse redonda não teria acontecido com o mundo inteiro e, sim, com alguns estados ou países somente. Outrossim, se existisse outro planeta habitado no universo, ela – a Bíblia – nos revelaria, porém, interessa a muitos que a verdade seja encoberta para omitir o santo nome do Criador. Até criam outros deuses, como se o problema fosse a verdade.

A Bíblia, um manual de regras para a vida!

A Bíblia! Todos devemos aprender com ela, pois seus ensinamentos nos tornam administradores de nossas próprias vidas. Nossas escolhas cabem a nós e nossas decisões devem ser baseadas em nossas convicções, para que não enganemos a nós mesmos.

O livro sagrado contém uma biblioteca com 66 Livros, mas existe a Bíblia da Etiópia com 91 Livros. Eu me pergunto o porquê dessa diferença! Podemos afirmar que a Bíblia foi escrita em um período, e também por pessoas muito inteligentes.

Todos nós temos o poder de administrar nossa vida e nosso tempo, e há como fazer isso! Para mantermos o poder, por exemplo, devemos nos alimentar, para cuidar nossa saúde (vida), e dividimos tudo o que fazemos com o tempo. O tempo é o maior consumidor de todos os nossos atos, pois em tudo determinamos uma parceria com o desconhecido. Se nos alimentamos, na hora não percebemos, mas depois julgamos o tempo que levamos para nos alimentar, se alimente para viver e não para sobreviver, mastigue os alimentos, de preferência, saudáveis, de forma a prestar atenção no que está comendo, e não engolindo, como se o mundo fosse acabar amanhã.

Cheguei à conclusão de que o tempo é como um "ser vivo" que se alimenta com seus atos. Embora não prestemos atenção, tudo que fazemos leva tempo, toma tempo ou vai um tempo. Esse tempo é medido por horas, minutos ou segundos e sem perceber perdemos ou ganhamos ou gastamos tempo. Então, é necessário aprendermos a administrar o tempo.

Nosso assunto é a Bíblia como nosso manual de vida. Da qual, foi toda, divinamente inspirada por Deus. Os homens que a escreveram apenas a interpretaram de outras línguas, e mesmo sendo centenas de milhares de vezes, não perdeu sua essência mesmo tendo recebido palavras diferentes, não mexe com o teor original e eu digo que isso é um milagre. A confusão que paira sobre minha cabeça é: por que esses Livros considerados apócrifos ficaram fora do Cânon? E por que eles foram bem recebidos na Bíblia Etíope?

Eu sou evangélico e para mim a Bíblia consiste em mandamentos que temos que obedecer.

Desde a minha infância me sinto diferente, como se estivesse em um ambiente diferente, parecia que antes eu vivia em um estado melhor. Cresci pensando assim e ouvindo histórias que me faziam cada vez mais confirmar minha teoria. Uma história que ouvi muito, foi dos meninos pobres que foram adotados por mulheres ricas e que passaram a viver na nobreza, e homens pobres que se casaram com mulheres nobres. Com este ato, as pessoas que tinham muito dividiam e ajudavam outras pessoas. Hoje, esse é compartilhado com animais, mas não são animais naturais, são raças criadas pelo homem para fantasiar a vida de outras pessoas. Com isso, passaram a rejeitar crianças e idosos, se dedicando exclusivamente aos animais. Mulheres que têm obrigações com cães e gatos como se fossem um ente querido, nada contra.

Me perguntava o porquê de continuar a ter esses sonhos, que ficava apenas nos sonhos. Estamos vivendo um tipo de amor egoísta, o amor pelo próximo e a caridade já não existem mais, o que deveria ser constante, parece ser eventual. Esse pensamento de me achar estranho ou forasteiro ficava mais forte. Para mim tudo foi muito difícil, até para estudar. Eu não conseguia e seria como se eu descobrisse tudo através dos estudos. Quando eu pensava em estudar, algo acontecia para me afastar da escola, porém eu sentia que algo mudaria se eu aprendesse. Só aos meus 53 anos de idade comecei a estudar e fui entendendo que havia ou há um espírito maligno que impede as pessoas de descobrirem a verdade. Sentia que algo estava me arrancando daquela ignorância ou das mãos daquele espírito mau. As portas do conhecimento apenas estavam se abrindo para que eu alcançasse a verdade, e assim foi acontecendo. É interessante que a partir daí tudo aconteceu, estudei de tudo um pouco, mas não estudei para ser alguma coisa, e sim para ter conhecimento e descobrir as coisas que se escondem no homem. Eu sabia que algo mudaria quando eu aprendesse, lembro-me quando criança que todos me achavam inteligente, enquanto eu mesmo me achava anormal. Eles não percebem e nem imaginam que estão sendo influenciados para o mal.

Muitas vezes eu pensei em desistir, mas estava sendo induzido ao conhecimento. No entanto, até que enfim cheguei aos finais, depois de estudar Direito e Filosofia entrei na Psicologia para saber algo mais abstrato e foi aí que me deparei com o passado. Vasculhei todos os "soros" e "sulcos" do meu cérebro para encontrar vestígios de uma vida à distância e nada. Apenas uma pista de origem diferente da atualidade e também de tudo que pensava antes, ou seja, quando pensava que minha origem seria minha mãe e meu pai, descobri que eles foram intermediários para me manter aqui neste estágio.

E foi assim que ao longo da minha vida fui descobrindo os enganos que passei por toda ela. Esses enganos são torturas para aqueles que observam em silêncio.

Vendo, ouvindo e analisando, passei a perceber que os mistérios são desvendados com esforços e continuei a me dedicar cada vez mais. A Bíblia, os Livros e as narrativas fazem efeito moral para quem se aplica.

Devido a muitas traduções, a Bíblia contém palavras que não devia, pois muda o sentido na sua interpretação. A exemplo: agora em Gênesis 2:23 quando Adão disse; *agora ossos do meu...* dá a impressão de que existiu outra mulher antes. Porém o Espírito Santo fez entender a todos que examinam as escrituras com a esperança de conhecer o Altíssimo. Muitas dificuldades foram impostas pelos inimigos de Cristo, pois eles que guardaram todo o conteúdo Bíblico e autorizaram e forneceram aos escritores, excluindo do Canôn alguns Livros que levariam a esclarecer melhor os cristãos. Livros como Enoque, Macabeu e outros que colocaram na Bíblia Católica, há algum motivo? Por que tiraram da Bíblia Sagrada e colocaram na Católica?

Além dos inimigos de Cristo, existem os exploradores da fé, sim, aqueles que fazem fortunas explorando a fé Cristã! E em sua maioria todos traduziram a Bíblia a seu bel-prazer. Até Lutero teve suas contradições.

Srs. Leitores com muita atenção e respeito, trago estas linhas como esclarecimento de nossas vidas. Procuro me lembrar de mim mesmo, muito antes de vir à Terra, (curiosidade apesar de paradoxo, incessante) devido às informações de que a vida e o renascimento são reais. Acredito fielmente, que de algum lugar viemos. Lendo a Bíblia e outros Livros que foram excluídos do Cânon, encontrei razões para acreditar muito de que realmente moramos no Lar celestial. O motivo que saímos de lá não é muito claro, mas certamente foi para ganhar mais experiências e aprender a lidar com os conflitos, talvez para ficarmos mais experientes, e servir ao Altíssimo com mais fidelidade e fervor.

Entre os primeiros versículos da Bíblia encontramos pistas de que Jesus já existia, o primeiro filho de Deus, pois ao criar cada detalhe, o Todo poderoso se referia a alguém. No Livro de Enoque também encontramos algo que repercute em nossa mente, algo vívido como experiência. A Bíblia revela que ele andou com Deus e em toda sua trajetória encontramos Enoque com Anjos do Bem. No entanto, o mundo é de uma complexidade difícil de ser mensurada, e o homem também tem seus enigmas. Depois de tanta experiência e conhecimentos, me questiono por que Enoque foi conduzido por Anjos e Jesus, não. Claro, os motivos são diferenciados. Jesus tinha que passar por tudo aquilo que passou porque ele veio para resgatar a humanidade, enquanto Enoque, descobrir o reino de Deus para nos ensinar.

O problema maior é que nossa Bíblia tem apenas 66 Livros, enquanto outras têm 91, como na Etíope, e a Católica, 72. Eu me pergunto o porquê disso e só me vem uma resposta! CORRUPÇÃO! Pois quem forneceu todo o material para que a Bíblia fosse escrita foram os mesmos que mataram e crucificaram Cristo, seus inimigos, juntamente com corruptos e outros tipos. Mas eles não contavam com o poder do Espírito Santo que nos inspira a interpretar devidamente como deve ser. Por isso, acredito que muitas coisas foram escondidas de todos nós. O que me leva a pensar dessa maneira é realmente a facilidade na qual os homens são corrompidos.

Vimos também que muitos Livros foram excluídos do Cânon e neles havia muitos esclarecimentos que poderiam nos ajudar a entender melhor. Além disso, tem Livros que até hoje são citados na Bíblia, o que afirma que são inspirados. Enoque, já citado, é um mais tradicional e é citado em Gênesis 6 e em Judas também.

Na Filosofia, buscamos respostas para tudo e muitas vezes não encontramos, então vemos a necessidade de prestar mais atenção ao próximo para ver a diferença, pois a tendência é dificultar o acesso à verdade. Pois há teorias que dão sustentação lógica e quando acontecem, logo, seremos desenganados. Existem razões para que o Livro Sagrado dê sustentação às nossas reais origens. Eu acredito mais na Bíblia do que na ciência, pois, ela não promove diretamente o Livro Sagrada e seus acontecimentos. Por exemplo: o fato de a Terra ser redonda; em Josué 10 o Sol parou no centro da Terra e, não, foi a Terra que parou. É um Livro muito antigo e sua credibilidade é infalível, porém a ciência procura sempre desfazer as escrituras. Precisamos ter motivos fortes para fazer escolhas, e eu tenho, pois tenho muita confiança em Deus e foi ele quem criou todo universo.

Sabemos que do nada, nada produz, embora seja o Senhor Deus criador de todas as coisas, ele também é transformador. Ora, imaginem Deus onisciente, onipotente e onipresente, ao olhar as coisas que fez e viu que era bom! Isso não significa nada? Claro, pois Ele não crava e analisa com os olhos humanos. Deus sempre quis o melhor para nós. Ele criou a Terra para nós termos harmonia, e foi essa criação que causou a revolta por parte de outros anjos (anjos caídos) especificamente de um. Vendo Deus que a harmonia não seria possível, Ele então transformou entre os versos de Gênesis 1 e 2, uma reorganização plano celestial, especificamente, no Jardim do Éden. O Salmo 133 nos revela o desejo de nosso Criador. Como chegar a esta conclusão? Do mesmo jeito que Deus criou o universo, ele fez todos saberem, mesmo com todo o mistério que há na Bíblia Sagrada.

Desde o início os homens demonstram que são inteligentes e criativos, assim, criam metodologias em que outros acreditam cegamente, sem questionamentos. Desse modo, enganando pessoas, escondendo a verdade, em constante ato de manipulação e omissão. Contudo, alguns curiosos que não se contentam procuram de alguma forma respostas para suas dúvidas e nisso acabam descobrindo a verdade, afinal, o nosso Criador, quer que saibamos.

Depois de ouvir muitas narrativas, e algumas "falsas" sobre a Bíblia, resolvi fazer pesquisas baseadas na minha experiência de Cristão inconformado. E depois de muito estudo e análise, cheguei à seguinte conclusão e vou descrever tudo para vocês!

Eu não comentava com ninguém, mas tinha medo de que soubessem da minha maneira de pensar. Por muito tempo eu fui privado de conhecimento, só aos meus 53 anos de idade tive acesso aos estudos. Em uma dessas igrejas comecei a estudar Teologia, logo entrei em uma faculdade e fui em busca de respostas, fui me encontrando aos poucos, até alcançar e organizar as ideias em minha mente, da qual se estendeu de forma gratificante, quando cheguei a este ponto de descoberta. Passei bastante tempo sem frequentar igrejas, eu era, e sou, pobre e sempre tive medo e vergonha de não poder pagar as ofertas exigidas pelos donos delas. Mas retornei a frequentar pela influência de um amigo, embora muito tímido, eu logo fui convidado a estudar pagando uma quantia razoável e deu tudo certo para iniciar minha jornada ao conhecimento. Foi uma porta que se abriu para que eu voltasse aos estudos, pois até então só havia estudado até a 5ª série primária. Porém, quando comecei a estudar a Bíblia, percebi que alguns Livros que foram excluídos, do Cânon, estes eram citados com frequência. Quando fui à procura de um dos Livros citados em Gênesis, vi que ele era muito esclarecedor. Agora acredito que o Altíssimo me fez entender melhor sua obra e resolvi passar para o papel e distribuir a um público que deseja saber dessas coisas, por meio deste livro.

Na política, na religião e na ciência acontecem muitos questionamentos sérios, e todos no debate querem apenas ter razão. Precisa vigiar muito para discernir a verdade das narrativas. Para alguns, não importa muito, mas para mim cheguei à conclusão que tudo importa, pois, vivo tudo lentamente. Talvez, os maiores atos contraditórios estão na religião, por mera ironia, pois é lá que se formou muitas influências de ganância e ambição, de manipulação em um povo que só queria a busca pela verdade libertadora, com isso, membros e autoridades se achavam no direito de oferecer e até vender um pedacinho do céu, e que isso não faria nenhum mal.

Esses tratam-se dos falsos pastores, aqueles que sinalizam para o fim do mundo. Eu já falei algumas vezes que o mundo agoniza e sem muito alarme, até a ciência já se preveniu com o tal de *reset* para enganar o povo que quer ficar na Terra depois da vinda do Messias. É esperado que os "fortaleça" por não terem ido com o Criador. Se alguém perguntar, a ciência sabe? Eu afirmo que não, porém tentam adivinhar, pois faz parte dos demônios saber o dia e a hora, mas como não sabem, criam disfarces, camuflando a verdade. Os sinais estão acontecendo e muitos não se dão conta. Há uma contenda entre os Cristãos e pré, meso e pós-tribulacionistas, faz parte da natureza do homem querer saber para se proteger. Mas não há possibilidade alguma de saber, assim diz Jesus, *"a vós não pertence saber o dia e a hora que o pai estabeleceu"* (Matheus 24: 36). Mas o mundo continua enganando e querendo saber para se autopromover.

Alguns se detêm aos discípulos, que já há algum tempo vêm esperando a segunda vinda de Cristo. Segundo o Livro de Enoque se referre "às estrelas" que vêm os espíritos encarnar na Terra, mas os discípulos não observaram o fim delas. Em Matheus 24:14, Jesus se refere a todo mundo, sendo que em sua referência às pessoas, todos dos céus que renasceram na Terra devem ter ouvido a palavra do Altíssimo. Por esses e outros há confusão na Terra, pois todos passaram pelo véu do esquecimento, mas Deus, nosso Senhor, fez questão de revelar em alguns versos, como Jó 38, Jeremias 1 e outros versículos. O próprio Deus descreve a necessidade das lembranças da origem de cada um de nós.

E assim chegamos aos dias de hoje, depois de tantas guerras e conflitos, depois de tantas profecias, falácias e verdades, chegamos aos dias de hoje. O mundo está mudando, e dentro da cronologia das profecias todas estão se cumprindo. Muitas pessoas ainda não acreditam que existe um Deus, que existe um criador, um ser supremo que deseja todos nós no céu, mas essa incredulidade, falta de certeza daquilo que não se vê, faz o mundo estar na condição que está, além daqueles que são realmente seguidores do mal. Mas, o mais importante é que todos nós temos a possibilidade e a oportunidade de aprendermos, e começar a busca por algo que falta em nós e pararmos definitivamente de nos prendermos e de nos escravizarmos a algo que não nos pertence. Muitas vezes nos sentimos estranho aqui na Terra, isso é uma lacuna difícil de preencher, porque mesmo se sentindo estranho, você não tem lembranças de onde veio, de onde nós viemos. Eu acredito em algumas teorias relacionadas com o fato que nós já moramos nos céus, nossa existência é de longa data, embora, nosso tempo de vida se trata de um tempo experimental, já determinado, sendo recente e muito passageiro. Vemos na Bíblia que certas pessoas viveram muito mais do que nós, por volta de 900 anos. Vivemos tão pouco e tão fatigados justamente porque aquelas pessoas tinham objetividade, elas conheciam algo mais concreto, a relação delas com o criador era muito mais próxima, assim também como com os anjos caídos. Mas eles estariam com Deus porque ele sabia e eles conheciam o perigo. Muitos outros, como Isaac, Jacó e Abraão de Matos, Daniel na cova dos leões, os três moços na fornalha de fogo, em Daniel 3, Sadraque, Abedenego e Mesaque e junto deles o filho de Deus, estão entre as causas mais defensivas por Deus.

Por falta de muitas outras "provas" da existência do Criador vivemos distantes, cheios de compromissos que valorizamos muito mais do que o nosso espírito. Olhe a diferença para a época de Isaac, Jacó e Abraão de Matos. Eles não sabiam sobre a divisão de corpo e alma porque isso veio a ser identificado depois, com Platão.

Como podemos ver, a diferença do entendimento é muito adversa e mesmo assim nós continuamos na ignorância, sem buscar mais conteúdo, mais fundamentação para nossa existência. O próprio Deus nos dá pistas de que nós já estivemos em outro lugar e nós não nos damos como entendido, e assim retornamos à ignorância; nos acomodamos e não buscamos a verdade, como Aurelius Augustinus (Aurélio Agostinho) buscou entender o porquê de muita enganação, corrupção e má reputação em toda a história da humanidade. E o que fazemos para mudar isso? Nada. Nada fazemos para mudar porque quem tem autoridade para fazer determinadas coisas acaba sendo engolido pelo sistema e quem não tem, usa e goza da inocência dos seus.

Eu gosto muito de ir à igreja, e certamente, vou para aprender. Eu não vou para olhar pessoas, eu não vou para ser influenciado por ninguém, eu vou para aprender, porque adorar a Deus nós adoramos 24 horas por dia, seja em casa, seja na igreja, seja no parque, que seja através da minha e da sua vida. Ao fazer uma oração, não conseguimos nos esquecer de Deus. Primeiro porque a nossa existência já é algo muito designada por Deus, então sentimos a presença de Deus a cada minuto de nossas vidas. Não precisamos ir somente a uma igreja para adorá-lo. Adoramos Ele em qualquer lugar, a igreja é feita para ensinar. Mas hoje em dia ninguém vê igreja ensinando, porque as igrejas são um palco de apresentação de grandes oratórias. Mas, em minha humilde opinião, a igreja foi feita para ensinar. Não questiono isso com ninguém. A igreja é para nos ensinar a ler a Bíblia e entender como Deus fala com você, como você deve falar com Deus nas orações, como ter praticidade de fazer uma oração do arrependimento; tudo isso é a igreja que vai fazer com que você consiga se concentrar.

Hoje, o mundo está mudando muitas coisas, nós pensamos que está acontecendo somente agora, mas desde o início dos tempos isso vem acontecendo. Falsos pastores, falsos mestres e falsos profetas surgem desde o início, desde a própria época em que Jesus estava na Terra. Existiam sinagogas e mestres que não aceitaram

Jesus como Messias, como salvador, e isso continua hoje. Vemos igrejas realmente determinadas a tirar dinheiro dos servos, pastores e profetas vendendo lugares no céu e pessoas vendendo a própria palavra de Deus, o que não é lícito. Então, não devemos olhar para essas coisas, devemos buscar nossa própria salvação.

A essência que é o próprio Deus

Devido aos problemas de muitos não estudarem a Bíblia e outros não saberem ler, a maioria não sabe interpretar realmente como é a Bíblia, como a descrever.

Esse retorno está previsto na Bíblia e quem prevê foi justamente aquele que nos deu a oportunidade de reconhecer os nossos pecados e induzir a todos nós ao arrependimento, pois só através do arrependimento somos capazes de ver os nossos feitos passados e nos arrependermos para alcançarmos a Vitória. Jesus mesmo disse: *no mundo tereis aflição [...] eu venci o mundo* (João 16:33).

É aqui que entra a interferência dos céus nas escritas da Bíblia, porque o homem não deixou totalmente a sua palavra, a sua letra, e Deus comovido, e querendo que nós saibamos a verdade, interferiu de uma forma bem clara, quando o profeta, sendo o escritor da Bíblia, se aproximou de Deus (homens comuns, porém, cheios da fé). Em Jeremias 1:5, por exemplo, Deus falou para Jeremias *"te conheço antes de entrares no ventre de tua mãe"*. Isso significa que Deus já conhecia Jeremias e não só a ele, como a todos nós. O Todo poderoso, se expressou para mostrar a proximidade que teve antes dessa vida e com todos nós. Ele também foi ainda mais claro com Jó, 38:4, quando disse: *"não lembras do tempo em que fundei esse mundo, essa Terra?"*. Essas falas aumentam a nossa perspectiva de uma existência com Deus.

Os mistérios de Deus

Precisamos ler a Bíblia com muita atenção para discernir o que Deus quer nos falar, mesmo sendo escrito por homens, todos foram conduzidos pelo Espírito Santo. Davi, por exemplo, escreveu muitos salmos conversando com Deus e falando dos seus problemas. Jó em suas orações também se expressava muito diante de Deus, assim como Abraão, Jacó, Moisés e outros. Todos revelaram sua aliança com Deus. É claro que a Bíblia inteira é inspirada e inspira, porque mesmo os homens da antiguidade mostravam para nós um sentimento de adoração e de obediência a Deus. Em Timóteo 3:16, Paulo fala para Timóteo que toda Bíblia é inspirada por Deus.

O resete

Toda a história da humanidade foi apagada e as coisas ficaram muito difíceis de entender sem a originalidade, ficamos todos perdidos e, com isso, só restava sermos escravos como somos quando não sabemos a verdade. Roubaram toda nossa história e confundiram nossas cabeças. Nosso passado foi apagado e substituído por falsas verdades. Roubaram a nossa confiança em nós mesmos e nos transformaram no que somos, porque não temos como confiar nas pessoas. Como íamos nos planejar para amanhã? O amanhã não interessa a nós, mas devido ao cotidiano nós acabamos acreditando que amanhã vamos acordar, sair para trabalhar e resolver nossos problemas. Vamos no médico, no trabalho, temos tantas coisas em mente que já está automaticamente gravado em nós. Nós seguimos, mas roubaram de nós a oportunidade de termos confiança em nós mesmos. E por que roubaram de nós? Porque existe algo que está além do nosso alcance e, por isso, acabamos perdendo alguns valores, principalmente o amor.

Apenas um lembrete: reconstrua o amor. Eu tenho amor, nós podemos ter amor, não tem problema nenhum você dizer que tem amor, que tem algo dentro de si que não foi poupado, que não foi moldado, devido tanta maldade e tanto sofrimento neste mundo. Você vem me afirmar que tem amor, você pode ter, mas é um amor muito confuso, um amor que você se sente prisioneiro dos seus próprios laços, um amor em que você sempre se escraviza, porque, no mínimo, esse amor é confundido com outras coisas. O amor verdadeiro, aquele que nasce no coração e que um dia você perdeu porque você encontrou tanta maldade, alguém que fez tanto mal, foi desviado de você e porque você mudou a sua atenção, você tirou a atenção daqueles que te amavam e agora você não está sentindo a falta do amor. A falta do amor é muito cruel, ela é substituída por algo ao contrário, como o ódio, a raiva, o desprezo e até mesmo a tolerância, que é um tipo de amor, mas não é o amor principal, e certamente, não é o amor verdadeiro, um amor passageiro até você ir embora. Existem tantos tipos de amor, amor aos animais, amor à família, enfim, há um amor que muda tudo, o amor de Deus, quando reconhecido, logo, o amor à Deus. Este último é aquele amor primário, é o primeiro mandamento; *Amai a Deus sobre todas as coisas.* São muitos os que trocam o amor a Deus por coisas materiais, principalmente o dinheiro. A Bíblia condena esta prática; *"Não ajunteis tesouro na terra onde a traça e a ferrugem os consomem."* (Mateus 6:19).

Eu amo ler e estudar. Eu amo filosofia, ela me faz descobrir tantas coisas e me traz uma curiosidade intensa para que eu possa conhecer o meu mundo. Você conhece o céu e acha que conhece o mundo. Eu também achava, mas eu vivia bem, em uma bolha sem ar, sem visão, uma bolha que eu nem percebia que o amor poderia ser roubado. Quando você se apaixona por alguém, quando você ama alguém de verdade, é o seu amor, e quando o seu amor aumenta, é você mais um, ao outro. Um dos mandamentos que Jesus deixou, que está inserido nesse único mandamento, é que o amor que você passa todos os dias para alguém que está largado na calçada, com um cobertor grosso, sujo e rasgado, mas está ali quietinho e nem fala porque ele se acha inútil expressar o amor que ele tem no coração por você. Talvez nem exista mais amor, porque só existe dor. O amor foi roubado e agora só existe a dor de estar ali sabendo o que todos passam.

A minha proposta hoje é: vamos todos resgatar esse amor. Vá no baú do seu coração, arranque de lá algo que faça impactar esse amor; o amor é romântico, é puro, ele é suave, ele é leve, quem ama expressa coisas que todos precisam ouvir. Diga uma frase com todo amor que você ainda tem no seu coração, vamos resgatar o amor. Se você estiver de acordo, eu quero trabalhar nessa campanha, pois se você não entende, você não consegue andar sobre as águas, porque só um conseguiu e esse um que conseguiu tinha um grande poder, e este era apenas o amor, o amor faz você viajar nas nuvens mesmo que seja fantasioso, mesmo que sejam suas emoções, você viaja sobre as águas com a sua própria emoção, então, o meu convite hoje é: vamos reconstruir o amor.

Você foi muito enganado(a), iludido(a), você passou por situações difíceis, situações não muito compreensivas, situações não muito boas, mas você precisa resgatar, porque é algo que te pertence. Quando fora de você, você se torna cruel e muito duro, as consequências também podem ser cruéis, tanto com você como para o outro, substituir o amor por coisas, aparência, enfim, o verdadeiro amor está em Deus, inclusive porque, Ele te fez.

A tolerância é um tipo de amor que mesmo à distância você colabora para aquela vida, você cuida daquela vida, mas não deixe isso interferir no seu amor. Há muito tempo, alguém se deu uma missão de reconstruir os muros de Jerusalém, que foi por amor, mas vem a cobiça, porque o amor incomoda muita gente. Ele não é elefante, mas é maior do que o elefante; o amor é muito mais intenso e muito mais pesado sob aqueles que não têm amor. Então, vamos reconstruí-lo para construir algo maior; o seu desejo de ser o que você quiser depois que morrer.

Esse amor, ele é só a raiz, mesmo que ele seja intenso, mesmo que ele seja raiz bem fincada e firme, você encontra isso por todos os lados, porque a árvore é grande, é centenária. A árvore dá frutos porque é intensa, e ela oferece além de frutos, sombra para você descansar quantas vezes precisar. Você se encontrou com tanta gente má, que só pensou em te fazer o mal ou te explorar, e que levou você a uma grande confusão. Não confunda esse "amor" com toques, com pele, com partes; vamos reconstruir o amor, pois só ele constrói. Você pode construir a sua vida só com amor. Você pode sentir que alguém te ama. Se você não tiver amor, qual é a sua maior necessidade? Você terá um encontro com o vazio, você vai se encontrar vazio(a), mas a partir do momento que você descobre o que realmente falta em você, você passará a preencher todo esse vazio com aquilo que suprirá a sua necessidade.

Eu acredito que o maior vazio que você sente hoje é a falta de amor. Você pode ter muito dinheiro, mas você não vai ter alguém do seu lado só por causa do seu dinheiro; se tiver, irá te incomodar, maltratar, pisotear ou torturar, mesmo que psicologicamente. Um dia, você se sentirá torturado por causa do dinheiro que você tem, que atrai o mal. Qual é a sua maior necessidade? Descubra primeiro e vamos reconstruir o amor e procurar algo dentro de nós que possa interceptar toda essa maldade que tem no mundo exterior. Esse amor está dentro de você e ele é necessário. Você acha que pessoas que amam são fracas e pessoas que amam as pessoas são fortes? Sabia que sua saúde depende do amor que você tem? A sua mente e saúde mental é tão controlada pelo amor que consegue mudar a cabeça de outras pessoas. A saúde mental é muito boa e faz mudar o ritmo de outras pessoas, com isso, você consegue conquistar outras pessoas com a sua mente, com a sua cabeça e com seu coração cheio de amor aparecem palavras.

Procure ver dentro de você a sua necessidade de se encontrar. O que será que te completa? Como se sente hoje? O que você fez quando levantou de sua cama? Eu não vou fazer todas as perguntas. A primeira coisa que você fez foi orar? O que você fez depois que você se levantou? Quais são os seus planos para hoje? Você agradeceu a Deus por ter uma linda noite de sono, mesmo que você tenha sofrido de insônia? Muitas vezes eu quero ter insônia para não perder nada. Eu já fui uma pessoa muito curiosa e continuo sendo na minha casa para eu ver os acontecimentos, mesmo fora de hora, mesmo estando no meu quarto, eu quero ver o que acontece na rua, ver o comportamento da noite, ver o que aparece na frente da minha casa, ou talvez até no céu.

Trocaria seus "sagrados" iPhones de última geração por um abraço de 10 segundos? Qual é sua necessidade de ser amado(a) e quanto você pagaria para eu te dar um abraço? Por que eu te daria um abraço tão barato por 10.000 reais? Será que foi mesmo do meu coração que abracei? Será que eu estava sentindo a mesma necessidade? Será que eu estava tão carente quanto você? Por que eu te daria um abraço por um iPhone de última geração? Qual seria a minha decepção em chegar em casa com um iPhone de alto valor só porque te abracei? Você estaria satisfeito com um abraço ou você preferia um abraço na tua alma, um abraço para saber como você realmente está, sem interesse pessoal?

Para construir o amor hoje, muitas pessoas acordaram e com suas necessidades financeiras nem tomaram o seu café, nem agradeceram a Deus pela noite de sono, simplesmente só saíram correndo levando filho para creche, para escolinha e com sua bolsa pesada saíram para pegar o ônibus lotado. Outros, com seus próprios carros, se dirigem ao trabalho com a mente preocupada com o que vai acontecer quando chegar atrasado, se não chegará muita gente, até esqueceu seu agasalho ou uma garrafa de água, mas o que vai acontecer? Vai fazer cara de surpresa ou foi tudo algo que você atraiu? Você pode atrair decepções, você pode chegar no seu trabalho e ser despedido(a) e não ter o sucesso que você teve ontem; você pode chegar do seu trabalho e também ser bem-sucedida, porque ainda tem alguém que olha para você, mas essa mesma pessoa que te olha e que te guarda também pode ser desprezada. Quando você sai sem fazer contato com Ele, agradecendo a noite de sono e pedindo pelo seu vizinho e amigos, pela política brasileira e direção das autoridades, pelo seu dia, futuro e filhos, Ele pode prever e pode tudo, mas Ele não pode ser a última ou a segunda opção, Ele tem que ser a primeira. Ao se levantar, dobre seu joelho na sua cama, fale com Ele, não o despreze. Ao desprezar, é um pouquinho de amor que se perde de você. Não fique o desprezando assim, vamos mudar isso, vamos reconstruir o amor.

Se você não tem amor, olhe para trás e veja onde você perdeu o amor que você tinha antes. Vamos fazer uma reflexão. Eu tinha tanto amor no meu coração, mas algo fez com que eu perdesse esse amor. Hoje, sou carente, preciso de amor muitas vezes. Eu penso, "eu preciso ser amado", mas eu não olho o outro lado. Eu preciso amar porque só o amor constrói e só amando que eu posso construir algo. Mesmo com toda maldade humana, Deus protege, Deus guarda, Deus ajuda, porque a longanimidade dele é para sempre e o seu maior desejo é salvar a todos. Mas eu sou humano, eu não tenho que salvar a todos, mas eu posso amar quem me despreza, aliás, é um dos mandamentos; *amai ao próximo como a ti mesmo* (Mateus 22:39).

A tolerância é um tipo de amor; você não despreza e não precisa estar de mãos dadas. A maior resposta de amar está na fragilidade humana, é quando alguém precisa de amor e não tem, quando se percebe que deixou de amar e foi esquecido(a). O amor é como uma corrente elétrica que une uma pessoa a outra e acende, inspira, um cuidado especial, uma preocupação afetiva.

Você precisa colocar em prática o amor. Não se troca amor, não se vende amor, não se tem retorno a não ser o próprio amor. Se você ama, se você é amado(a), você ama com mais intensidade e com mais prudência. Não confunda amor com outras coisas, assim como você come, bebe, faz suas necessidades físicas, você também consegue essas vertentes, mas o amor é tão importante. Vamos amar mais. Vamos resgatar esse amor para construir novas situações. Vamos mostrar para o mundo que nós amamos sem precisar se preocupar em apenas ter um celular de alta qualidade de última geração. Vamos fazer essa campanha de reconstrução do amor. Vamos viver no amor, com amor, e por amor, porque só o amor constrói e o ódio só destrói. Com amor, nós construímos, mas vamos construir por meio dele. Só com ele você verá a sua necessidade de se projetar para o futuro, até mesmo depois da morte, pois nós vamos continuar e é melhor tomar uma decisão sobre escolher o céu ou o inferno, pois, essa escolha deve ser feita aqui e agora.

Em Lucas 16:19-31, ele viu aquele mendigo, Lázaro, que foi recebido no seio de Abraão aquecido, alegre, contente e sorrindo, logo, quando o rico morreu, ele pediu assistência de Lázaro, dizendo: *pai Abraão, manda que Lázaro molhe a ponta do dedo na água e toque na minha língua para me refrescar,* ao que Abraão respondeu que Lazaro na vida não teve os confortos que o rico tinha, ele se alimentava das migalhas de tua mesa, por isso, no lugar onde Lazaro se encontrava, ele merecia estar feliz, e o rico por sua vez estava sofrendo no Hades.

Só podemos escolher nosso futuro depois da morte, pois enquanto estamos com vida, aqui, até podemos escolher, mas não se sabe o dia de amanhã. Só com amor você descobrirá o que você precisa ser. Depois disso, o amor será como uma bússola para seu futuro, como uma diretriz de paciência para todos nós que resgatarmos esse amor perdido por uma desilusão, por uma enganação, por uma decepção. Vamos resgatá-lo porque só no amor, e só com amor, construímos o futuro.

A ciência faz seus cálculos e surpreende a todos nós afirmando que a Terra tem aproximadamente 510 milhões e 100 mil quilômetros quadrados. A ciência calcula que o meteoro que está se aproximando da Terra tem aproximadamente 100 mil km, mas é apenas um cálculo. Mediante as minhas análises, enquanto servo de Deus, é realmente difícil calcular a face da Terra, mas não sou eu quem vou julgar. No julgamento, essa certeza virá à tona. Será que todos serão salvos? Como tem sido sua intimidade com Deus? Tem seguido os princípios do Senhor que estão na Bíblia? Tem levado o evangelho às pessoas? No entanto, ninguém foi lá e mediu esse meteoro, ele está em movimento a 100 milhões de quilômetros por hora, uma velocidade imensa. E se fosse um novo planeta no qual seríamos arrebatados? Jesus promete uma nova Jerusalém e não seria surpreendente se ele viesse já com um novo planeta.

Tanta gente está hipnotizada com tudo o que está acontecendo. Tem uns de olho na ONU, tem outros mais curiosos em guerras, tem outros que estão ainda mais curiosos na política, tem outros que estão de olho na parte financeira. A diversidade é muito grande, tudo isso vem para ocupar a mente das pessoas e elas realmente esquecem de suas origens e os seus desejos, do perigo do que desejam. A pergunta é, quem quer ser salvo? Decida rápido, pois ele já determinou e deixou a lição: *se quiseres vir após mim negue-se a si mesmo, toma tua cruz e segue-me* (Lucas 9:23); *se estais cansado? Se sente escravo do pecado. Dói? Então chegou a hora da cruz* (Mateus 11:28); *Mas buscai o reino de Deus e toda sua Justiça* (Mateus 6:33), para quem estiver esperando a segunda volta de Jesus. Na realidade, as pessoas esquecem, se iludem, se envolvem em dinâmicas e acabam esquecendo o compromisso com o Senhor Jesus. Vigie, ore e peça sabedoria a Deus, pois ela vem do Altíssimo. Cuidado com a avareza, aprisiona a alma, vaidade que vai para o coração e seus olhos estarão vendados, não perceberá o mal que está causando a si próprio.

Eu escuto muitas pessoas falando do evangelho; outras discutindo, outras defendendo. Tudo é válido, mas depende da direção, não adianta ninguém defender o evangelho se não tem a direção de Cristo. Não adianta fazer só para mostrar que é "bravo". Pedro foi o discípulo mais valente que Jesus teve, e mesmo assim Jesus fez uma ação contra a violência cometida por Pedro, em João 18:10. Pedro é um exemplo, mas sabemos o quanto somos imperfeitos!

Jesus virá, espere e confie, não desista, Ele está muito perto. *Se o dono da casa soubesse a que hora da noite o ladrão viria, ele ficaria de guarda e não deixaria que a sua casa fosse arrombada* (Mateus 24:43), pois assim será a vinda de Cristo. Esteja sempre preparado, pois assim será. Quando o homem bota a mão no ferrolho, ele não sabe! Na realidade, ele não sabe e não tem noção quando o ladrão vai roubar a casa dele. Assim, virar o filho do homem. Se não estivermos alertas e preparados, se não estivermos de acordo com a nossa Cruz, nosso coração estará desolado. O homem sábio nunca é surpreendido, ele está sempre atento ao que pode acontecer, onde nossa visão alcança, mesmo não movimentando o pescoço. Quem ama o evangelho sofre por ele e muitas vezes a indignação é válida. O amor diminui esse peso, essa ignorância, essa luta, porque nem tudo é força espiritual. Eu já falei uma vez e repito: a vaidade envolve muito a carne; a força bruta, isso não é sabedoria.

Nós estamos vendo toda a preparação para o final do mundo, a não ser que haja um novo planeta, e se houver, qual é a quantidade de pessoas que serão salvas? Eu estou vigilante e curioso para saber, estou atento a todos os noticiários e a todas as coisas para não perder de vista nenhum detalhe nessa transição. A vós não pertence saber o dia ou a hora que o pai estabeleceu para si, mas ele não disse que não interessa, ele sabe que é interessante para nós a ponto de vigiarmos, e de preferência, apenas o que "eu" estou fazendo.

Eu estou vigilante e interessado em saber sobre os sinais e as taças derramadas sobre a Terra. Tem muita gente que não faz essa reflexão, mas eu estou preocupado, porque esse asteroide está vindo aí, com 100 km quadrados. Se ele fosse a Nova Jerusalém, quantos homens seriam salvos? Claro, a Terra não é totalmente habitada, tem muitos lugares que ainda não são habitados, mas nas grandes cidades você vê que as pessoas se incorporam até no leito dos rios e córregos para moradia, e isso todos veem. Com o tipo de moradia que existe nas grandes cidades, as pessoas pensam que não terá comunidades.

Muitos dizem ser adoradores de Deus, e Jesus foi bem claro: *quem quiser vir após mim toma tua cruz e siga-me* (Lucas 9:23), mas será que essas pessoas carregam sua cruz? Será que elas estão de acordo com a Bíblia? Se eu estiver de acordo, eu estarei, mas quantas pessoas estão de acordo? "Ah você acredita na misericórdia", ele é tão misericordioso conosco, a ponto de mandar seu filho morrer na cruz e ainda sim, contamos com sua a misericórdia. A misericórdia do senhor é infinita, mas eu acredito que você tem que aceitar a possibilidade de sofrimento.

Digamos, que você agora acredita em Deus e está vigilante, pensando na volta dele. Então eu pergunto, você entendeu o que está por vir? Como tem sido seu relacionamento com o Espírito Santo?

Pois durante a vinda de Jesus, muitos não serão reconhecidos como adoradores de Deus. Fico imaginando se esse "meteoro" que está se aproximando da Terra fosse, hipoteticamente, a Nova Jerusalém, que Jesus está vindo a 100 milhões de quilômetros por hora, então eu reflito, será que estou preparado? Será que Cristo quer salvar a todos e irão morar comigo nesta Nova Jerusalém?

Gostaria de esclarecer que não sei se acredito nisso (Nova Jerusalém), mas eu faço e crio algumas hipóteses porque essa Terra é maldita e Jesus é santo. Pois, ele foi ascendido aos céus, conforme os anjos, voltou e subiu ao trono ao lado do Senhor nosso Deus. Analisando, esse meteoro, pode indicar mais um sinal da vinda de Cristo.

Há conjecturas, então, exponho a minha preocupação na quantidade de pessoas que serão salvas. Eu vi essa notícia e fiquei observando de madrugada, pensando e orando a Deus para entender a minha mente, muitos dizem amar e seguir a Jesus, são uma grande maioria, tirando esses grupos antagônicos que fazem lavagem cerebral nas pessoas, me vejo a questionar, será que apenas falando é o suficiente para serem seguidores de Cristo?

Dentro de um sistema religioso que não leva a nada, existem igrejas que são verdadeiros milagres de Deus, que ensinam como se deve ensinar. Mas tem outras que não passam de uma cortina de fumaça para justificar a vida deles e prender e hipnotizar a vida de milhares de centenas de pessoas com falsas promessas. Muita gente está sendo enganada.

Eu peço a Deus pela minha alma e pela sua alma, e peço que nós nos encontremos lá, mesmo se for pequeno e arrojado, para cantarmos a Vitória. A preparação espiritual é de cada um. O que é que você quer ser depois de morrer? Quer ser salvo? Então *toma tua cruz se quiser vir após mim* (Lucas 9:23), disse Jesus.

Todos nós sabemos que esse dia vai chegar porque acreditamos na promessa e no amor de Deus Todo poderoso. Muitas vezes não nos valorizamos e nem acreditamos em nosso sacrifício, mas é de muito preciosidade a quem nos prioriza. Deus quer sua alma no céu, ele ama você e em você existe um espírito que veio dele. Sacrificar a matéria enaltece o espírito, mas não é só priorizar e enaltecer seu espírito; é pegar a Cruz que Jesus mandou pegar, em Lucas 9:23, é acreditar nele. Muita gente faz sacrifício à toa, tem gente que até tira a própria vida, mas não é isso, o Senhor não concorda com isso, Ele dá e Ele tira. A carne que dá força para os seus dias de vida, é uma prisão e você tem que estar nela porque você tem que conhecer seus limites e se deter a eles. "Eu não posso olhar para ali porque Jesus mandou arrancar meu olho de lá, eu não posso botar isso na minha boca porque é isso", é assim que você tem que dar continuidade, não existe santo na Terra, mas existem pessoas que se sacrificam ao máximo. Existe esse amor que Deus indescritivelmente dá ao mundo de tal maneira que não existe expressão que chega a ponto de calcular a dimensão da Terra e desse tal meteoro. Pode ser escrito por mim, por você, por todos que estão aí. Não estou dizendo o que deve ser feito, não sou eu que tenho o poder de determinar, mas, sim, Deus que determina a mim e eu tenho que fazer o que Deus manda.

O mundo está desviado de sua conduta e está muito longe de ser aquele que Deus recomendou a Adão. O mundo já foi extinto uma vez com água, provocando o dilúvio porque Deus viu muita maldade no homem, logo lembro do inimigo que briga por almas para aprisioná-las no Inferno. Só quer causar confusão como na torre de Babel, ninguém falando a mesma linguagem, ninguém entendendo ninguém, sem saber a verdade e sem estar no rumo certo, levando com mais facilidade para um caminho de sofrimento no fogo ardente do mal.

Quem somos nós na história? Um diz uma coisa, outro diz outra. A Bíblia esclarece que nós somos pecadores e que Jesus veio dar a vida por nós. Ele deu sua vida humana vivendo como homem e como Deus. Ele se revestiu e depois se livrou dessa matéria para a salvação da humanidade.

E você que está esperando o Cristo, espera Jesus ou de Jesus? Espera por misericórdia e não para de pecar? Ele veio e se foi, mas desta vez, Ele vem como o grande Juiz. Mas dentro do que ele ensinou eu me pergunto se a quantidade de pessoas salvas nesse mundo caberia nesse meteoro de 100 mil km ou será que nos cálculos de Jesus Cristo tem mais pessoas para alertar, esperando a qualquer momento? Fique atento aos fatos para não os perder, eles não vão parar de acontecer até os últimos habitantes, porque a Bíblia diz que todo olho verá.

Eu quero saber como Jonas se comportou na barriga da baleia, se ele ficou de cócoras, se ele ficou de pé; de Abraão quero saber se a Sara continua sorrindo e duvidando que ia ter o filho Isaque; quero saber dos encontros que Moisés teve com Deus; como Ló se comportou depois que viu sua mulher virando uma estátua de sal, ou se não viu. Alguém tem muita história para me contar e eu terei a eternidade para todos me falarem a verdade, porque aqui no mundo eu não a vejo.

Em Lucas 16:24, ele implorou e disse: *Pai Abraão, tem piedade de mim e manda que Lázaro molhe a ponta do dedo para me refrescar a língua, pois estou torturado nesta chama.* Lucas foi até mais longe, pedindo que vá falar com seus cinco irmãos para salvá-los da chama. Se não fosse tão séria, Lucas não estaria com as suas memórias a ponto de lembrar dos irmãos que estavam trilhando o mesmo caminho que ele. Ele não queria ver os irmãos, sua família, se perdendo, uma tristeza inconsolável. Lucas implorou, queria sair e ir para o seio de

Abraão, onde estava o mendigo Lázaro que agora passou a ser rico e estava lá cantando e glorificando. Eu quero ter essa riqueza, pois ele não levou ouro, prata, nem dinheiro daqui, não foi nada disso, Lázaro se tornou tão rico que causou a inveja, conflitos e no final, não foi a verdadeira riqueza "dos céus" que ele adquiriu, receio que tenha tido um fim desagradável.

Você pode achar que não pode fazer nada, porque você está aqui nesta Terra, pode sim, afinal não somos o bobo da corte, dizem por aí que o rei e o príncipe do mundo, aliás, da mentira, quer que paguemos o preço da enganação, mas tenha cuidado, acreditar em fatos ao contrário do que é dito na bíblia, ou fingir que não é com você, só o fato de ser neutro já significa que você está servindo ao mal, pois o pai da mentira, não quer que você alcance a sua salvação por direito. Isso é automático, isso é fato, ao não fazer nada é igual a fazer tudo para o outro lado, então não adianta dizer "quero ver a banda passar", porque você não vai com a banda.

Eu acredito que há possibilidade da minha cruz me levar até ao final, ou eu levar a cruz até ao final. Espero por Jesus, mesmo sendo tão difícil às vezes, graças a Deus há boas novas, há esperança, diz na bíblia, *"vinde a mim"* (Mateus 11:28). Tu que estás cansado, se você for olhar, "canseira" não é "cansado", não é isso não. A primeira coisa se você observar é que você nasceu sozinho, mas nasceu em uma família e em uma sociedade, nação ou país, contudo, nunca fomos sós. É necessário que falemos ao mundo que Ele vem!

O sangue derramado na cruz do calvário é libertador, você vai se sentir liberto, e se for buscar a verdade, você vai encontrá-la, pois é o próprio Jesus; *Eu sou a verdade, o caminho e a vida* (João 14:6). Ele é a própria sabedoria e a verdade e o caminho. Ele é o único caminho, não um dos caminhos. Pense na eternidade, no céu, Jesus espera você.

Acredite nisso, pense nisso. Pois para ir para lá, tem que jogar essa cadeia, essa prisão, essa grade aqui, no pó. Ela tem que voltar para o pó, você já pensou nisso? Do jeito que vem essa pedra, como Jesus viveu dessa forma? Sim, afinal, ele é Deus, ele poderia com teu poder acabar com tudo, mas aí você percebe o sacrifício de Jesus por mim e por você, pelas humilhações e pelas dores.

Vamos nos preparar todos, para que possamos nos encontrar lá e fazer festa. Acredito que até hoje Davi está em festa no céu. Ele foi um grande salmista, nós vamos ouvir muito ele cantando e tocando a harpa; Jacó contando as brigas que teve com o irmão; Abraão falando das guerras que venceu na Terra; Jonas falando da dimensão do estômago daquele peixe, que por meio do intestino levou ele e depois o cuspiu.

O ladrão cometeu seus erros, mas se Deus deu misericórdia a ele para vencer a última batalha... seu arrependimento costuma dizer o seguinte: *um dia para Deus é mil anos* (2 Pedro 3:8). Quanto tempo leva para uma pessoa arrependida abrir a boca e dizer "Jesus tem misericórdia de mim"? Quantos segundos? Dois segundos para Deus é um tempo decisivo. Mesmo uma pessoa sendo contra a Deus a vida inteira e por desespero se jogar de prédio, o tempo que leva para chegar ao chão ele pode ter se arrependido? "Jesus tem misericórdia de mim" é uma aceitação que, por um acidente, ou até mesmo posso dizer que aquele que se suicidou, fixa um pensamento e naquele pensamento ele muda de ideia, no entanto, pode ser tarde demais! Não sou eu que vou dizer que ele foi salvo, que ele vai ser salvo ou não, isso cabe ao Rei dos reis e eu só estou fazendo conjecturas; "pois as práticas da ignorância", Deus não leva em consideração (Atos 7:30,32).

Não sou eu que vou dizer que Deus não ouve o apelo. Só depois da morte tenho certeza, porque o rico não estava lá. "Um abismo entre o homem, Hades e o seio de Abraão e não dá para um passar para o outro lado". Então, enquanto há fôlego, há a possibilidade de as pessoas reconhecerem seus erros e mudarem sua maneira de pensar, ou seja, ter fé.

O mundo é de uma complexidade difícil de ser mensurada. Aparecem muitos meios para desviar a atenção dos homens. E quem faz isso? Homens com más intenções, que se deixam atrair pela inveja, desejam o caminho da glória, dos holofotes, ansiando possuir a soberania do Altíssimo, tenho certeza em quem está pensando agora, uma história tão antiga, porém, reflete na atualidade no mundo como o conflito contra Israel, por ser um povo abençoado por Ele, tentam e conseguem convencer os outros, no entanto, a verdade é que tudo é proveniente de si mesmo. Com isso, deixam você responsável pela sua própria existência, mascarando com uma nuvem escura que anula a existência do Criador em sua mente ou de qualquer outro que está confuso.

A Bíblia esclarece muitas coisas, todos que buscam aprendizados nela, encontram formas de fazer o bem, quanto ao fazer o mal. Claro que houve desencontros em sua escrita, mas foi proposital, pois não houve chance de escreverem tudo que queriam. O poder da inspiração foi tão forte que impediu que o homem colocasse seus próprios pensamentos, e se propôs a rejeitar alguns Livros, como o de Enoque e outros, alegando sua incompatibilidade. O Livro Sagrado é um manual de regras para a vida, ilustrações de localidades e um relatório contábil, cheio de conceitos adotados pelo Criador para ensinar a todos nós. Os "homens maus" não aceitam isso, pois seria uma forma de todos serem santos e, com isso, os inimigos do Altíssimo teriam vitória sobre grande número da população.

Tudo que se pode imaginar está na Bíblia, e o homem encontra nela até críticas a fazer contra o Criador – o próprio Papa teria feito uma crítica a Deus? Os homens disseram que foi baseado nela que Satanás tentou Jesus, porém eles buscaram nela justificativas para sua conduta. A Bíblia nos revela coisas que não imaginamos, desde a fundação do universo até a existência, ou não, de outro planeta habitável. Como nós somos desinteressados, não buscamos e podemos até ser enganados, até a verdade ser revelada. Mas, enquanto estamos em "cima do muro", é exatamente assim que muitos são usados pelo inimigo, pois a verdade é que não existe meio termo, ou escolhe à Cristo ou escolhe o outro lado, e este não foi feito para nós.

Início de tudo

Caros Leitores, pesquisei muito tudo que escrevi, peço sua atenção e que não duvides da existência do Altíssimo.

Quando me refiro ao início de tudo, me refiro a uma época em que precisamos desocupar uma grande mansão. Fomos despejados, erramos e teríamos que desenvolver. Pois lá onde estávamos todos eram desenvolvidos. O dono da mansão foi agredido em suas virtudes e nós não o defendemos. Contudo, o dono da mansão, por ter muito amor a nós, resolveu construir um universo para que pudéssemos viver em paz. Ele fez tudo com tanto carinho e mesmo sendo quem é, desceu do seu patamar para ver com seus olhos, como se fosse nós, se era um bom lugar. Em Gênesis 1:10, *e viu Deus que era bom*, ou seja, que nos adaptaríamos sem grandes problemas, e deu a todos nós ferramentas para autodefesa e entregou este universo a um homem que seria ascendente de todos nós. Houve uma intervenção do mal pelo inimigo do Altíssimo e o homem aceitou o mal, entregando sua administração a ele. Tudo que o Altíssimo criou foi perfeito e assim seria para nós. Com a intervenção, o mal entrou neste universo e passou a ser nosso castigo, *Pois todos pecaram e destituídos da Glória de Deus* (Romanos 3:23), desviando o objetivo deste universo, tentando Eva em Gênesis 3:1. Porém, o Altíssimo vendo sua Criação prioritária (nós), nos deu também inteligência para conseguirmos distinguir o bem do mal, em Gênesis 3:22.

Passamos por muitas situações, como Gênesis 15:5, em que o Senhor fala para Abraão: *"Conta as estrelas dos céus se puderes con-*

tar, assim será tua semente". Depois passamos pelo ventre da mãe e esquecemos nossas origens. Após longos anos, décadas, centenas, ou até milênios, chegamos aqui neste universo, porém antes de nós, vieram nossos ancestrais.

Visão

Mediante esses versículos vemos pistas para que acreditemos na pré-existência da humanidade, porém nossa história foi resetada e não há interesse de outros falarem a verdade. Depois dessa transferência de poder, ou dessa intervenção do mal, tudo ficou muito difícil, mas o Altíssimo não esqueceu de nós, ele continua com todos e elaborando planos para nossa redenção. Ele ordenou Moisés com mandamentos para nos ensinar, Davi para nos dar exemplo, assim como todos os discípulos, e nos mostra que nunca fomos desprezados. Então, Ele manifestou seu amor por nós de uma maneira extrema, para não deixar dúvidas pairar sobre nós. Enviou o seu primogênito, o único que nunca o traiu, nem por ação nem por omissão, Jesus! E com a missão de nos resgatar, nem que para isso pagasse o preço mais alto, foi à morte crucificado. Jesus. E para isso acontecer houve um grande planejamento, vieram muitos emissários de Deus, pois teria que haver segurança na sua vida até o fim do seu ministério. Ele demonstra seu amor em João 3:16, *Porque Deus amor o mundo de tal maneira que deu seu filho unigênito para todo aquele que nele crê, não pereça, mas tenha vida eterna*. Além Dele manifestar esse amor, enviou os discípulos e evangelistas João, Mateus, Marcos e Lucas para continuar mostrando que nós somos amados. Mas, devido às circunstâncias, tudo tem limite e como tudo, o mundo que Deus "não criou" está chegando ao fim. Sim, Deus não criou o mundo das drogas, não criou o mundo de beberrões, nem outros tipos de mundo que existem e doem na alma. Nós, seres sábios, sabemos qual é a vontade do Altíssimo.

A destruição do mundo

O Altíssimo quem vai destruir o mundo que foi introduzido no universo de Deus, sendo que a influência que o mundo deixou sobre o universo também será abolida. Neste universo, o Altíssimo vai criar um novo mundo que não haverá mais pecado, dores, guerras e tudo será diferente dos dias de hoje. Por este motivo, tem muita gente em pânico e falando em pré ou meso-tribulação e que também haverá um arrebatamento secreto. No entanto, é uma questão de interpretação. Tudo isso é fruto do medo que as pessoas têm de enfrentar a verdade. O arrebatamento será nas nuvens, porém com toques de trombetas, e todos verão.

Venho aos Srs. Cristãos, servos do Altíssimo que confirmam sua fé obedecendo a vontade dele, que a tolerância chegará em seu limite. Quem não se decidiu, não terá mais oportunidade. Quem já se decidiu, se posicione, porque a primeira derrota de Satanás será com a fé dos Cristãos que não negaram o nome santo do Altíssimo. Mas hoje tudo difere de antigamente, as pessoas se preocupam com dinheiro pois quanto mais tiverem, melhor é, como consequências, vem as mentiras, argumentos que ampliam a manipulação. A grande sacada dos teólogos para ganhar dinheiro é que dizem que antes da tribulação vai acontecer o arrebatamento, o que sabem que não é verdade, mas insistem em acreditar e fazer com que outros acreditem e tomem para si o que Deus prometeu para Israel. Em Apocalipse 3:10: *assim como guardasse minha palavra eu te guardarei da aprovação que virá sobre todo mundo.* Outros dizem que haverá um arrebatamento secreto, como disse antes, e que quem escreveu a Bíblia foi o inimigo do Altíssimo, colocando o que bem entenderam. Não estou dizendo que a Bíblia não é inspirada, no entanto, nas traduções também houve falhas na escrita. Mesmo assim, Deus nos faz entender e passou para todos, de maneira bem clara, as narrativas contidas nela.

A criação

O Altíssimo fez o plano de criação mais sublime, mais especial, o homem e a mulher, em Gênesis 1:26. Tudo estava preparado para sua real existência. Ele vendo com nossos olhos, viu que tudo estava maravilhoso, porém deixou a mulher para última análise, ou quando necessário, porque Ele sabia que mais tarde ou mais cedo haveria uma mudança na história devido à energia do homem, que é bem parecida com a do próprio.

Pois Ele fez a mulher com a costela do homem para que ela se adequasse à submissão e não passasse a ser concorrente dele. Mas a mulher não se contentou com isso e desejou um parceiro para mudar essa situação. Por conta da falta de atenção de Adão, que tinha suas ocupações, com Eva, ela teria que encontrar meios para enfrentá-lo e dominar a situação de forma que Adão não se rebelasse, temendo aquele que viesse a ser seu aliado. Os desejos de Eva e suas reclamações atraíram Satanás, que de pronto se aproximou e levou ela aos questionamentos das recomendações do Altíssimo, mudando o conceito que Deus tinha recomendado a Adão e relatado a Eva com alta confiança, pois não acreditava na possibilidade de traição. Ela tomou posse dessa informação e cumpriu a meta do seu capricho. Adão, por sua vez, não vendo saída pois não havia outra mulher e sem possibilidade de ação contrária, aceitou e passou a conviver com aquela traição até a tarde quando Deus visitaria o Jardim.

Até então, Adão e Eva se deliciando daquele fruto proibido, que para eles era de prazer intenso, não percebiam o desgaste na relação com Deus, e quando ouviram a voz do Senhor, entraram em si e se viram nus. Tentando se esconder daquele que tudo vê, não conseguiram, como até hoje ninguém consegue. A primeira vez que o Altíssimo mostrou seu amor intenso pelo homem, fazendo-lhes vestimenta.

A mulher

Pois ela sendo feita dele, para ele, nunca se conformou com sua posição de ajudante. Hoje até preferem ser cuidadora, mas não de ajudar. Isto é, ajudante – capaz de ajudar; cuidadora – capaz de cuidar. Se olharmos a etimologia da palavra, chegaremos no mesmo ideal, mas não é só isso; ela prefere cuidar de outros do que do esposo. Não é só o salário em questão, mas também a liberdade de ficar com um homem a sós e descobrir algo que ela não tem a oportunidade de fazer com seu marido, e ninguém será capaz de descobrir sua verdadeira intenção. Mulher é um enigma que ninguém entenderá jamais.

Quem mais valoriza a mulher é outra mulher. Existem muitas mentiras a respeito delas, que são fáceis de entender e muito difíceis de compreender. O cérebro da mulher é mais complexo do que o do homem; cognitiva-individual ou coletiva, conhecimento, percepção, atenção e associação, memória, raciocínio, juízo e imaginação.

Comportamentais: um conjunto de reações de um sistema dinâmico, face às interações e inovação propiciada pelo meio em que está envolvida.

Inovação: criatividade.

Estruturais: como ela é e como ela vê as coisas.

A autoconfiança de como ela é nos mostra precisamente a segurança e a organização em outros pontos comum. Com todas essas qualidades, a mulher sofre muito quando não tem atenção de quem ela espera, e nenhum é capaz de nutrir a atenção específica de uma mulher, mas o homem precisa se autodominar e se adequar a uma situação extrema. Quando ela percebe que não tem a devida atenção, ela implora migalhas de outro até encontrar o que ela procura, e devido suas exigências, às vezes ela nunca encontra, acaba se conformando e substitui a carência pela vaidade excessiva. A vertente cognitiva a faz acreditar que se arruma para outra, mas é uma maneira de se auto enganar. Na realidade, ela quer ser elogiada, mas como elas bloquearam, de certa forma, os homens, elas criam este pretexto, embora no fundo elas querem ser elogiadas por mulher, mas na frente do homem. Se fosse falar de mulher, eu falaria muito. Estudo este assunto de Eva; a mulher de Ló; Sara, que duvidou do Altíssimo; Sofia, mulher de Sócrates; Rebeca, mãe de Jacó; a greve no século XIX em que 315 mulheres foram mortas; e outras mais.

O filho do pecado

E nasceu Caim, trazendo com ele todos os sintomas do mal; cobiça, inveja, a maldição de tirar vidas e de mexer nas ações do Criador. Ele deu vida e não seria conveniente a outro tirá-la. Caim já nasceu com um instinto ruim, o mal cresceu e viveu no meio deles, sem que eles notassem, pois ainda viviam sob o prazer da carne oferecida pelo tentador. Foram-se os bons tempos em que o amor entre eles era perfeito, em que havia entendimento familiar e harmonia. O filho da perdição sempre discordava e os pais continuavam vivendo sem perceber o mal que causaram à humanidade. As discórdias e os desentendimentos passaram a ser um cotidiano, um tanto normal para eles, ou seja, quando algo passa a fazer parte do dia a dia de nossas vidas, nós nos acomodamos e tudo fica em comum. Essas intrigas passaram a ser normais na humanidade, e os limites chegam trazendo outras consequências, como o crime, mas todos achavam tudo isso tão normal, que aos poucos começaram a se atentarem aos fatos, deixando os acontecimentos se escalarem naturalmente, sem calcular os prejuízos. E não só entre casais, ou entre irmãos, passa a fazer parte de toda família. Por este motivo todos devem dar atenção às pequenas desavenças, pois é a causa de grandes crimes. Se houver alguém inteligente a ponto de notar a dimensão do problema, tragédias futuras poderão ser evitadas. Sempre que se iniciam questionamentos, há possibilidade de tragédia. Nos últimos tempos tem acontecido muita coisa por causa de jogos, políticas, e até mesmo por causa de coisas inúteis. A verdade é que a causa de ofensas, sem desculpas é grande motivo para um matar o outro. Isso e outros fatores mais profundos surgiram com a entrada do filho da perdição neste universo criado pelo Altíssimo. E com essa entrada surgiu também a bruxaria, os jogos, as traições, a prostituição, as drogas e as bebidas alcoólicas. Tudo isso levado ao extremo é motivo para matar ou morrer.

O fim de tudo

Tudo isso aconteceu e mais uma vez entra em cena a Bíblia. Em um estudo mais aprofundado chegamos em Apocalipse 16. Este capítulo é de extrema preocupação e atinge toda humanidade, pois está escrito para todos verem que o Sol receberá poder para afligir o homem (verso 9). Pergunto: de quem? Não importa que seja do aquecimento global, o que importa realmente é que o Sol realmente está abrasando. Em Apocalipse 16:12, o grande Rio Eufrates irá secar. É muita coincidência, ou não? É real, é a profecia. Estamos perto do fim deste mundo que foi introduzido no universo que Deus criou. E para que que o grande rio irá secar? Para passar por ele, 200 milhões de soldados que vão torcer para Israel. Em Apocalipse 9:16 tudo está mais claro do que nunca, Jesus está cumprindo com sua promessa de preparar um lugar para nós e nos buscar. Esses escritos nos dão um norte, nunca vimos algo tão claro escrito de maneira explicativa como esse trabalho e muitos têm dificuldades em enxergar, mas buscando o Espírito Santo tudo fica mais claro e revelador, antes que seja tarde, pois o único caminho de é Jesus.

A você que leu até aqui, eu pergunto: o que você quer ser e para onde você quer ir depois da morte? Se tem dúvida, leia Lucas 16:19, O Rico e O Mendigo!

Profecia

Este livro é para alertar aqueles que dormem.

Tudo está se cumprindo, o dia do Senhor está próximo, o que precisa para você se arrepender? Em Apocalipse 16:8, o Sol receberá o poder de abrasar os homens. A quarta taça da ira do divino está se cumprindo, o Rio Eufrates estará seco em breve. A sexta taça da ira do divino está a ser derramada, os fatos são eminentes, fora tantos acontecimentos que ocorreram durante nossas vidas que não deixam dúvidas algumas.

ARREPENDEI-VOS.